LE BORDEL

OU LE

JEAN-FOUTRE PUNI,

COMÉDIE,

A laquelle on a joint un BALET en trois Scénes.

A ANCONE,

Chez Jean Chouard, à l'Enseigne du Morpion couronné.

M. DCC. XLVII.

AU LECTEUR.

LA Morale est une drogue amére, pour laquelle l'homme a un dégoût naturel ; c'est, à proprement parler, une pilule qu'il n'avale qu'à contre-cœur, à moins qu'elle ne soit enveloppée de quelque douceur, qui en flatant le palais, la fasse passer plus aisément : c'est pourquoi il est à propos de la déguiser, cette Morale, sous des goûts différens, mais insinuans de façon qu'on la reçoive agréablement, & qu'elle produise son effet ; comme souvent certains remédes qui paroissent très-préjudiciables à la santé, sont ceux qui contribuent

le plus à la conserver ; de même il
est des écrits, qui, quoique regar-
dés comme un poison subtile pour
les mœurs, sont les plus propres à
les corriger. De ce genre sont les
Comédies, leur but est d'inspirer
l'horreur du vice, en en faisant voir
toute l'énormité : Voilà le dessein
qu'on a eu lorsqu'on a donné celle-
ci au Public. Tout homme sensé,
& dégagé de ces préjugés d'éducation, qui impriment dans l'ame ce
qu'on appelle pudeur, y trouvera
tout ensemble des instructions propres à l'éloigner de la débauche,
& c'est cet heureux mélange qui
fait le point de la perfection.

Omne tulit punctum, qui miscuit
utile dulci.

Cependant, malgré tous les avantages qu'on pourroit tirer de la repréſentation de celle-ci, il eſt ſenſible qu'elle ne ſera pas joüée : ce n'eſt pas, comme on ſe l'imagine bien, que la Police y mit obſtacle ; également attentive à protéger la vertu, qu'appliquée à détruire le libertinage, on ne doute pas qu'elle n'eût accordé ſon approbation, ſi on la lui avoit demandée. Le ſeul empêchement viendra donc de l'embaras où l'on eſt de trouver des Acteurs qui puiſſent figurer dignement, & faire honneur à l'Ouvrage, en donnant aux termes expreſſifs tout le brillant de l'action. Perſonne n'ignore, que joüer la Comédie, ne ſoit un mé-

tier. Un Comédien, eſt celui qui,
ſans écouter les paſſions, ſans s'a-
bandonner à ſes penſées, emprunte
tout ſon art du Perſonnage qu'il
contrefait : ſi le déguiſement eſt
donc eſſentiel au Théâtre, il fau-
droit, pour bien repréſenter cette
Comédie, que les Acteurs fuſſent
des hommes vraiment braves, &
ſur-tout les Femmes réellement
vertueuſes : *Arduum eſt & difficile.*
La choſe n'eſt pas facile à rencontrer ; où trouver ſeulement un
Commiſſaire ?

Mais quel accuëil le Public va-
t'il faire à cette Piéce ? On s'attend
que les ſots & les hipocrites vomi-
ront au premier coup-d'œil mille
imprécations contre elle & ſon Au-

teur : ils le regarderont comme un miſérable, néyé dans l'abîme du plus affreux déréglement. Semblable à ces petits Roquets de mauvaiſe humeur, ou altérés, qui jappent contre un dogue, qui fait ſon chemin ſans s'effrayer de leur glapiſſement, ils s'écrieront à tuë tête, qu'on ne peut lire ſans frémiſſement un Ouvrage farci de ſaletés & d'images obſcénes. Eh quoi ! leur dira-t'on, ces expreſſions ſi naturelles vous mettent en-émeute ? Ignorez-vous donc que ces mots, ces objets, qui paſſent chez vous pour ſales & obſcénes, & qui vous revoltent tant, ſont l'inſtrument & l'organe de la nature humaine ? Les Philoſophes Payens en ont fait des Divinités : Leur Mithologie nous dépeint Priape sous la figure d'un Vit monstrueux, & Venus sous celle d'un Con voluptueux. Qui des deux excite plus les désirs d'une femme, ou de nommer un Vit en sa présence, ou de lui en montrer un énorme en grosseur ? Est-il plus modeste de prononcer le nom de Priape, ou de le désigner sous la forme d'un Vit bandant ? D'où vient cette affectation chez les Béates, de couler promptement sur ces monosillabes Vi.... Con.... en pinceant les lévres, & baissant malignement les yeux ?

Si leur imagination s'en trouve salie, n'est-ce pas par l'indiscrétion de certains dévots qui leur rendent ces objets criminels, en leur infpirant de l'averfion pour des chofes fort innocentes? Après tout, il eft évident que cette précaution, chez les François, d'éviter la prononciation de ces mots, eft une preuve de la dépravation de leurs mœurs.

Voyons-nous les autres Nations les plus policées, tomber dans un ridicule femblable? N'appellent-elles pas en leur langue chaque chofe par leur nom propre? Pourquoi, en effet, traiter de fale & d'obfcéne ce que les Anciens avoient tant en vénération? Horace, lui-même, l'homme le plus poli de fon tems, héfita-t'il à prononcer ce Vers?

Et fuit ante Helenam Cunnus teterrima belli caufa.

Je paſſe aux raiſons qui m'ont engagé à donner cette Comédie ; qui peut mieux détourner la jeuneſſe d'aller au Bordel, que de faire un tableau ſincére de toutes les impertinences qu'il produit ? Pour y réüſſir, il a fallu rapporter toutes les paroles qui s'y proférent ; & quiconque écrit dans le ſtile des Putains, ne peut s'empêcher d'employer ces termes : *Bougre, Foutre, Vit, Con.*

Après la lecture de cette Piéce, on eſpére que tels qui avoient le malheureux panchant de fréquenter le Bordel, prendront en horreur un lieu où l'argent, la ſanté & l'honneur ſe perdent ſi indignement : on ſouhaite les voir admirer

Clitandre, Isabelle, & détester Valere avec ses Putains. Heureux tou-
tefois, si une foule de libertins &
de filles nourries de prostitutions,
ne se rebutent pas de la leçon qu'on
s'est proposé de leur faire , & que
sans considérer les dangers où ils
s'exposent chaque jour, ils ne fas-
sent pas leurs efforts pour se corriger !

A l'égard du stile, on le trouvera,
peut-être, en quelques endroits un
peu foible. Je conviens que j'aurois pû lui donner plus de force ;
mais il a fallu m'accommoder aux
différens personnages que je trai-
tois. J'ai tâché de me conformer,
autant qu'il m'a été possible, à ce
précepte d'Horace, qui nous dit :

qu'il faut faire parler & agir un Acteur suivant son caractére particulier.

Interiit multùm Danusque loquatur,
an heros :

. . . .

Aut famam sequiri, aut sibi conve-
nientiâ finge scriptor.

On sait qu'un domestique, qu'une fille livrée à une honteuse débauche, ne se piquent pas de la pureté du langage, & qu'on ne doit pas leur mettre dans la bouche des paroles aussi choisies, que dans celle des personnes qui ont reçû plus d'éducation.

LE BORDEL

OU LE

JEAN-FOUTRE PUNI,

COMÉDIE.

ACTEURS.

VALERE, Jean-foutre débauché.

CLITANDRE, Amoureux.

ISABELLE, Amoureuse.

Madame *DRU*, Maquerelle.

MARGOT, Servante.

BELAIR, Croc.

VALENTIN, Valet de Valere.

TONTON,
DESPREZ, } *Putains.*
POIRIER,
FANCHON,

Une Fileuse du Curé de S. Sulpice.

Un Commissaire.

Archers de sa Suite.

La Scène est à Paris dans un Bordel.

LE BORDEL
OU LE
JEAN-FOUTRE
PUNI,
COMÉDIE.

ACTE PREMIER.

SCÉNE PREMIÉRE.

MARGOT, DESPREZ.

MARGOT.

A Qui en voulez-vous, ma Fille ?

DESPREZ.

Je voudrois faire la révérence à

Madame Dru : une Demoiſelle en Province m'en a dit tant de bien, que je viens m'adreſſer à elle.

MARGOT.

Ah ! j'entens, vous venez demander de l'ouvrage ; eh ! vous en aurez ; vous êtes aſſez jolie pour cela. Mais vous me paroiſſez bien mal dans vos affaires.

DESPREZ.

Il m'eſt arrivé de petites diſgraces, qui véritablement m'ont ruinée, & m'ont miſe dans l'état où vous me voyez.

MARGOT.

Mais jolie comme vous êtes, avez-vous de la bonne volonté ? &, qui plus eſt, grande & bien-faite, il faut aſſûrément, à juger par vos habits, que vous ayez eû une bien mauvaiſe conduite.

D E S-

DESPREZ.

Helas ! ma Fille, vous avez grande raiſon. Je travaillois à Lyon ; tout le monde me couroit ; enfin, j'avois la vogue : un jeune-homme me trouva chez une brave femme, qui me traitoit à merveille ; il ſe prit de goût pour moi, & je fis la ſottiſe de l'aimer de bonne foi. Il me mit dans mes meubles ; le malheur m'en voulut, je devins groſſe ; mon Amant étoit de bonne famille ; ſon Pere craignit qu'il ne fit la folie de m'épouſer : cette crainte l'engagea à me faire enfermer ; & quand il m'a été poſſible de gagner le large, j'ai ſû qu'il avoit envoyé ſon fils dans les Pays étrangers. Pour lors, ne voulant plus demeurer dans une Ville, où mon hiſtoire avoit fait trop de bruit, je ſuis venuë chercher fortune à Paris.

MARGOT.

Mais , mon Enfant , votre équi-
page vous ruinera ; car vous ferez
obligée de loüer des habits , & ce
fera autant de rabattu fur vos pro-
fits.

DESPREZ.

Il faudra bien faire comme je
pourrai.

MARGOT.

Si vous êtes bonne fille & de
bonne volonté, Madame Dru pourra
vous loger chez elle , auffi-bien nous
n'avons point , quant à préfent, de
plaftron ; un Soldat aux Gardes , des
amis du grand-bleu de Madame Dru ,
nous a débauché ces jours-ci celle
qui nous en fervoit.

DESPREZ.

Nous conviendrons de nos faits.

Mais dites-moi , je vous conjure , comment les Demoiſelles ſont traitées ici , & quel eſt le caractére de Madame Dru ?

MARGOT.

Volontiers. Premiérement cette maiſon eſt aujourd'hui fort à la mode , & l'on vous inſtruira de la façon qu'il faudra vous conduire avec ceux à qui on vous préſentera. En général , le moins qu'on paie une fille en cette maiſon , eſt un écu de 6. francs , & , comme par tout le Royaume , il en appartient la moitié à la Maquerelle , & 4. ſols à la Servante qui vous a été chercher , & vous donne de l'eau pour vous laver. Mais ſi Madame Dru vous loge , vous nourrit & vous prête des habits , vraiſemblablement vous n'aurez que vingt ſols par pratique ; je ſais que ce n'eſt pas beaucoup, mais la quantité suppléera. De plus, quoique vous foyez jolie, vous avez déja fait un enfant : & quant à nous deux, car vous voyez que je fuis la Servante, nous nous accommoderons bien enfemble, fi vous en avez envie, je fuis bonne diableffe. Où logez-vous ?

DESPREZ.

Moi, je ne loge point encore. Je fuis partie de Lyon avec quelque petite monoie pour tout argent : l'on m'a défrayée, & j'ai même gagné dans le voyage quelques écus que je partagerai de bon cœur avec vous, pour avoir votre protection.

MARGOT.

Oh ! mon Dieu, non. Bien loin d'accepter ce que vous m'offrez, je vous en prêterai, fi vous en avez befoin.

D E S P R E Z.

Je vous remercie ; mais comptez
que Dieu vous recompenſera de votre bon cœur. Je ſuis arrivée hier
par le Coche d'Auxere. J'ai trouvé
un bon vivant , qui m'a mené coucher cette nuit avec lui dans une
Auberge ſur le Port. Il m'a quitté ce
matin pour aller chercher ſes parens,
& moi je ſuis venuë chez Madame
Dru. C'eſt un Fiacre qui m'a donné
ſon adreſſe pour de l'eau de vie que
je lui ai payé.

M A R G O T.

Tout cela va fort bien ; mais vous
n'êtes pas en état de paroître. J'entens quelqu'un ; allez-vous-en m'attendre dans la cuiſine ; ſi c'eſt Madame Dru , je vous avertirai.

SCÉNE II.
MARGOT, VALENTIN.
MARGOT.

AH ! c'est toi, Valentin.

VALENTIN.

Bon jour. Madame Dru est-elle ici ?

MARGOT.

Non ; mais elle ne peut être long-
tems à revenir,

VALENTIN.

Tant mieux ; car il faut que je l'at-
tende. As-tu du monde ici ? Y a-t'il
quelque soupé pour ce soir ?

MARGOT.
Non.
VALENTIN.

J'en suis bien-aise. Eh ! comment

te trouves-tu ici, ma pauvre Enfant,
depuis quinze jours que je t'y vois ?
J'y suis cependant venu assez souvent
avec mon Maître, ou sans mon Maître, & je n'ai pas encore eû le tems
de te questionner.

MARGOT.

Mais je ne m'y trouve pas mal,
car l'ouvrage donne ; Madame Dru
est fort achalandée : elle a de vieux
Pensionnaires qui donnent toûjours
beaucoup à la Servante : il vient
aussi un grand nombre d'Abbés ;
ainsi j'ai assez de profit ; je ne suis
obligée à aucune dépense, & ce que
je fous c'est pour moi.

VALENTIN.

Cela est vraiment fort joli ; si cela
continuë, tu deviendras un bon
parti : & Belair, comment t'accom-
mode-tu avec lui ? n'est-il pas toûjours le tenant ?

MARGOT.

Fort bien , je t'affûre. Il eſt bon diable ; il ſoutient tout ceci comme il faut. ... Mais Valere viendra-t'il aujourd'hui ?

VALENTIN.

Sans doute ; il veut même y ſou-per avec un de ſes amis ; peut-être avant le ſoupé fera-t'il ſa partie de quadrille.

MARGOT.

Eſt-il en argent ?

VALENTIN.

Pas trop mal ; nous avons ces jours-ci beaucoup acheté à crédit & fort cher ; mais en recompenſe nous avons vendu à bon marché en ar-gent comptant. Les vieux avares ont bien raiſon de dire , qu'il n'y a rien de ſi cher que l'argent.

MARGOT.

Qu'importe, pourvû qu'on en ait.

VALENTIN.

Oüi pour toi, mais pour moi cela n'est pas de même ; il faut que je quitte ce Maître-là ; il est à bout de ses ressources ; je prévois que tout cela finira mal : de plus , il est , ma foi, trop débauché pour moi.

MARGOT.

L'honnête homme ! on ne diroit pas qu'il y touche.

VALENTIN.

Non , ma foi , je te parle sérieusement , je veux faire une fin. Ah ça , as-tu quelque chose à me donner ?

MARGOT.

Moi , *gratis* , si tu le veux.

VALENTIN.

Toi ! je n'en veux point, c'est trop vieux jeu ; tu sais bien que je n'aime que les foutées de mon Maître, & tu n'ignores pas que mon plus grand plaisir est de leur mettre avant lui.

MARGOT.

Tout comme tu voudras ; nous n'aurons point de dispute sur cet article ; mais j'entens monter ; c'est Madame Dru elle-même. Bon soir le bon coquin, je te laisse avec elle.

SCÉNE III.

Me. DRU, MARGOT, VALENTIN.

Me. DRU.

AH ! bon jour, Valentin. *(A Margot.)* Est-il venu quelqu'un ici ?

MARGOT.

Non, Madame, il n'est venu qu'u-
ne fille assez jolie ; elle arrive de Province pour travailler à Paris.

Me. DRU.

Où est-elle ?

MARGOT.

Elle est dans la cuisine.

Me. DRU.

Je vais lui parler ; vas m'attendre,
& prens garde, sur-tout, qu'elle ne
me vole. Belair n'a-t'il point passé ici ?

MARGOT.

Non, Madame. (*Elle sort.*)

SCÉNE IV.

Me. DRU, VALENTIN.

Me. DRU.

EH bien ! qu'y a-t'il , mon Garçon ? Qu'est-ce qui t'amene ?

VALENTIN.

Mon Maître. J'ignore son dessein ; mais il faut qu'il soit considérable ; car il m'a donné cinq loüis… Non , dis-je , quatre , pour vous remettre.

Me. DRU.

Monsieur Valentin , vous êtes un bougre.

VALENTIN.

Non , ma foi , je ne voudrois pas vous tromper ; la langue m'a fourché ; & la preuve que je vous dis

vrai, c'eſt que je ne vous en donnerai que quatre.

Me. D R U.

Ah ! voilà une belle foutuë preuve ;
mais au fait, que veut-il ?

V A L E N T I N.

Il veut que vous lui gardiez la
chambre verte, celle qui donne ſur
le derriére, qui communique à celle-
ci, dans laquelle on peut arriver par
la petite porte.

Me. D R U.

Au diable. Je ne veux point chez
moi de tout ce foutu train-là ; pourquoi tant de miſtéres ?

V A L E N T I N.

Je n'en ſais rien.

Me. D R U.

Déja je ne veux point qu'il entre

d'honnêtes filles chez moi , & je ne veux point qu'on en foute que celles que je fournis ; je fais ce que je donne , & je fais où je les prends.

VALENTIN.

Vous pouvez avoir raifon ; mais enfin , il faut bien qu'il y ait quelque foutaife en l'air , puifqu'il vous envoie quatre loüis pour avoir cette chambre.

Me. D R U.

Tous ces bougres-là , comme ton Maître , ne valent rien pour nous autres ; ils font du bruit , ils s'enyvrent , ils réveillent tout un quartier , & tous les voifins font des plaintes.

VALENTIN.

Mais , mon Maître vous paie bien.

Me. D R U.

Eh foutre , quand il payeroit en-

core mieux ! tout ce qu'il donne
vaut-il ce que l'on gagne avec ces
paillards honteux , ces Evêques , ces
Abbés , qui payent au double , qui
vous remercient en fortant , & qui
tranquilles dans une chambre , vous
laiffent la liberté d'avoir toute votre
maifon occupée ? fuffent-ils trente ,
on entendroit une fouris troter.

VALENTIN.

Si vous ne voulez pas donner la
chambre verte , rendez donc les quatre loüis.

Me. DRU.

Mais ne fais-tu pas , à peu près ,
quel peut être fon deffein ? car enfin ,
je voudrois bien gagner cet argent.

VALENTIN.

Ma foi, je l'ignore , je vous le repéte , & je fuis dans la bonne foi ;

mais le voici lui-même , il peut satisfaire votre curiosité.

SCÉNE V.

VALERE, Me. DRU, VALENTIN.

VALERE.

EH bien ! comment te va, Madame Dru ? Avons-nous du nouveau ?

Me. DRU.

Vous savez bien le soin que je me
donne pour contenter les honnêtes
gens.

VALERE.

Valentin t'a-t'il parlé ?

VALENTIN.

Monsieur , Madame a votre argent ; mais elle fait quelque difficul-
té : ce n'est pas de le gagner, comme
vous le croyez bien.

VA-

VALERE.

Ah ! parbleu , si la bonne Dru est difficile , elle est donc malade. (*A Madame Dru.*) Et toi , que j'ai toûjours connu pour une si bonne coüille de femme , que peux-tu craindre ?

VALENTIN.

C'est ce que je lui disois , Monsieur ; au moment que vous êtes arrivé , je lui représentois la bonté de votre pratique ; car vous êtes , sans contredit , le plus grand paillard , & le plus grand débauché de la Ville.

VALERE.

Cela est vrai. (*A Me. Dru.*) Au fait le veux-tu , ne le veux-tu pas ?

Me. DRU.

Que voulez-vous donc faire de cette chambre que vous demandez ?

VALERE.

Y foutre.

Me. DRU.

Et qui?

VALERE.

Un con : que peux-tu craindre, puisque je me charge de tout?

VALENTIN.

Allons, Madame Dru, un homme auffi fage que mon Maître, ne peut pas nous expofer.

VALERE.

Si elle me refufe cette chambre, je ne remettrai les pieds chez elle de la vie. Indépendanment de l'argent que je t'ai envoyé pour cette chambre, je veux fouper ici ce foir avec un de mes amis, & je veux avoir quatre Putains.

Me. D R U.

Allons donc, il faut faire tout ce que ce chien-là veut. Qui voulez-vous avoir, la Desjardins ?

V A L E R E.

Fi donc, j'en suis las.

Me. D R U.

La Carnaut ?

V A L E R E.

Oh ! mon Dieu, non, elle fait la petite bouche, en difant foutre. Enfin, je veux quelque chofe que je ne connoiffe point ; je veux de bonnes filles qui aiment à boire, & à dire des gueulées, de franches putains, en un mot, qui foutent bien, qui me donnent mon refte, & qui s'enyvrent toutes au mieux ; mais, fur-tout, ne me donne pas la Devaux, elle fait presque toûjours la garce ; quand on lui dit un mot qui ne lui plaît pas , la bougresse a d'abord la larme à l'œil.

Me. D R U.

Allons, laissez-moi faire , vous serez content ; j'ai un morceau nouveau qui vient d'arriver ; je ne vous donnerai de connoissance que la Poirier ; c'est une bonne fouteuse , celle-là , & vous en aurez deux autres que je ne crois pas que vous ayez vû.

V A L E R E.

Voilà une bonne Dru celle-là. Je reconnois mon sang. Va préparer tout ; envoie chercher au plûtôt les filles , & laisse-moi donner à Valentin les ordres pour le soupé & le vin. A propos , j'ai toûjours oublié à te demander si tu n'étois pas des parentes de Mr. Dru , qui a inventé la maniére de poser les sonnettes dans le cul.

Me. D R U.

Va te faire foutre, toi & ton cul.

SCÉNE VI.
VALERE, VALENTIN.

VALENTIN.

Voilà qui va fort bien, Monsieur, & sans avoir recours aux questions, je puis deviner aisément ce que vous allez faire aujourd'hui; foutre, vous enyvrer, & vraisemblablement coucher ici. Mais cette chambre verte, je vous assûre qu'elle m'embarasse.

VALERE.

Tu vas le savoir, c'est un projet charmant que je te confierai en peu de mots. Il faudra que tu ailles à huit heures précises au Caffé de Dupuis chercher Clitandre ; c'est là que je lui ai donné rendez-vous : tu l'y trouveras, & tu l'ameneras ici.

VALENTIN.

Clitandre ! fait-il que c'est au Bordel que vous lui donnez à fouper ?

VALERE.

Sans doute.

VALENTIN.

J'en fuis furpris. Il eft bien fage & bien amoureux pour faire une telle partie. Mais avec tout cela, je ne démêle point encore la chambre verte.

VALERE.

Comme il eft amoureux de ma Coufine, & qu'il veut l'époufer, il eft obligé d'avoir des complaifances pour moi ; j'ai donc exigé de lui celle de venir fouper ce foir ici.

VALENTIN.

Eh bien, Monſieur !

VALERE.

Eh bien. J'ai ſi bien fait que depuis hier, par les affaires que je lui ai fait ſurvenir, ou par les obſtacles que j'ai fait naître, il n'a pû voir ma Couſine Iſabelle ; enfin, depuis deux jours il ne l'a vû ni rencontré ; & pour l'exécution de mon deſſein, il eſt néceſſaire que je l'occupe ce ſoir.

VALENTIN.

Mais cette chambre verte ?

VALERE.

Je la deſtine à Iſabelle.

VALENTIN.

Comment, Monſieur !

VALERE.

Il m'a pris, mon Enfant, un défir violent de foutre une honnête fille; j'ai jetté les yeux fur ma Coufine, & tu vas être charmé de la façon dont j'ai préparé mon affaire.

VALENTIN.

Ah ! Monfieur, vous me faites trembler. Quoi ! pour foutre votre Coufine, vous donnez à fouper dans la même maifon à fon Amant !

VALERE.

Voilà le fin de l'arrangement. Ecoute feulement. Tu fais bien qu'Ifabelle eft fous la tutelle d'Argante, un vieux bougre qui la tourmente, & qui n'approuve pas fon mariage avec Clitandre ; tu fais encore qu'Ifabelle aime paffionnément Clitandre. J'entendis, il y a trois jours, leur converfation, dans laquelle elle me parut déterminée à se laisser enlever ; qu'ai-je fait ? J'ai sû les empêcher de se voir. J'ai fait contrefaire l'écriture de son Amant, & la lettre est écrite dans son véritable stile. Clitandre déclame contre Argante ; il conjure Isabelle de se livrer à lui, & de suivre sur les neuf heures du soir celui qui lui remettra cette lettre. Il l'assûre qu'il l'attend dans un Carosse au loin de la ruë ; mais qu'il n'ose paroître dans la maison. Tout m'a réüssi : elle a reçû la lettre , & voilà sa réponse, par laquelle elle promet de faire exactement ce soir tout ce qui lui a été proposé. Juge de mon plaisir. Je suis à la veille de foutre une honnête fille, & que je crois pucelle, s'il y en a une dans Paris.

VALENTIN.

Monsieur, en vérité, tout ce pro-

jet est si abominable , que vous aurez la honte de l'avoir conçû , sans
avoir le plaisir de l'exécution.

VALERE.

Le désir de foutre , va , fait bien
penser. Isabelle sera donc conduite
ici sur les dix heures , & se trouvera
enfermée dans la chambre verte :
Pendant ce tems je serai à table avec
Clitandre , que le soupé impatiente-
ra. Il sortira certainement de table
& de bonne heure. Pour lors , j'irai
trouver ma Cousine , & lui dirai,
qu'elle est au Bordel : elle n'en pourra
douter par tout ce que je lui ferai
voir. Le vit à la main , auquel j'ai toûjours oüi dire , qu'une personne sage
résiste encore moins qu'une autre ,
la déterminera d'autant plus , que je
puis moi seul la ramener chez Argante , & faire sa paix. Elle n'en épou-

sera pas moins Clitandre , qui ne croira jamais que l'avanture soit vraie , si tant est qu'elle fasse du bruit, lui-même ayant soupé dans la maison qu'il entendoit citer.

VALENTIN.

Le vice est bien heureux, quand il est accompagné d'esprit. Quel homme !

VALERE.

Va chercher Clitandre & me l'amene. Il n'est pas nécessaire de te dire, que si tu dis un mot, je te casserai la tête. Passe chez le Rôtisseur, car je veux que le soupé que j'ai commandé soit prêt pour neuf heures. Apporte-nous aussi vingt bouteilles de vin, douze de Champagne & huit de Bourgogne.

Valentin sort.

SCÉNE VII.

VALERE, LA POIRIER, FANCHON.

VALERE.

ALlons, mes Enfans, que l'on me saute au col. Mais vraiment, ma bonne Poirier, te voilà bien re-mise de ta derniére vérole.

LA POIRIER.

Voyez donc ce bougre-là. Si j'ai la vérole, c'est toi qui me l'a donné. Baise-moi.

VALERE.

Ah ! chienne, tu mors. (*A Fan-chon.*) Quelle est cette sainte Nitou-che ? Approche donc, baise-moi aussi. Est-ce que tu ne sais pas vivre ? Montre-moi ton con. Eh ! vraiment tu n'es pas mal faite. Approche un peu. (*Il arrache le poil.*) Pair ou non.

FANCHON.

Ah ! bougre.

VALERE.

Oh ! voilà parler cela. Je favois bien que je te ferois dire quelque chofe.

LA POIRIER.

Tu feras content d'elle ; c'eft une bonne fille.

VALERE.

J'attends ici un de mes amis , qui doit fouper avec nous, je te le re-commande , & je te promets un loüis, fi tu t'en fais foutre.

FANCHON.

Je gagnerai ton argent de bon cœur , je t'affûre ; auffi-bien fuis-je excédée d'un vieux bougre que l'on m'a donné chez la Joli , où j'ai paffé par hazard ; il m'a patinée plus de deux heures , & j'ai le bras las du tems que j'ai employé à lui branler le vit , & tout cela pour un bougre d'écu.

VALERE.

Tu as attrapé là une bonne fortune ; celui que je te recommande est jeune & bien fait , mais il est sage.

LA POIRIER.

Tant pis pour lui : & pourquoi vient-il ici ? c'est donc un bande à l'aise ?

VALERE.

Oh ! que nenni. Mais toi , écoute , quand mon ami sera arrivé , nous le laisserons avec ta Camarade , & nous passerons dans le foutoir ; & si tu dis à soupé , que depuis que je suis ici , je t'ai foutu deux coups , je te payerai bien.

LA POIRIER.

Tout comme tu voudras. Mais je crois que voici ton Ami.

SCÉNE VIII.

VALERE, CLITANDRE, POIRIER, FANCHON , VALENTIN.

VALENTIN.

Voilà déja Monfieur. Votre foupé fera fervi à l'heure à laquelle vous l'avez demandé , & je cours chercher le vin. *(Il fort.)*

VALERE.

Bon jour , mon cher Clitandre , je fuis charmé de te voir au Bordel , & d'être fûr d'y paffer la journée avec toi. Allons , embraffe donc ces Demoifelles. *(Clitandre fait des révérences embaraffées.)* Eh ! ne voyez-vous

pas qu'il fait le nigaud & le niais ?
C'eſt l'homme le plus paillard, & le
plus grand fouteur de Paris.

(Les Filles lui ſautent au col.)

CLITANDRE.

Parbleu, Meſdemoiſelles, donnez-
moi donc le tems de me reconnoître.

VALERE.

Je vais mieux faire.... laquelle
veux-tu ?

CLITANDRE.

Ma foi, cela m'eſt abſolument égal.

VALERE.

Il eſt bon que tu foutes avant ſou-
per, on en eſt plus libre à table. Je
vais te laiſſer celle-ci, & enmener
ma bonne Poirier là-dedans. Viens,
Putain, viens.

LA POIRIER.

Allons, Maquereau, allons. *(Elle
ſort avec Valere.)*

SCENE

SCÉNE IX.

CLITANDRE, FANCHON.

FANCHON.

EH bien ! veux-tu faire quelque chose ?

CLITANDRE.

Ma foi, non, ce n'eſt pas que tu ne ſois aſſez jolie pour cela, & même que tu ne me faſſe bander : en voici la preuve. *(Il lui montre ſon vit.)*

FANCHON.

Ah ! chien marin, comme tu bandes !

CLITANDRE.

Oh ! n'y touche pas, tu ne me conſeillerois pas toi-même de m'expoſer ici.

FANCHON.

Ma foi, ſi tu crains la vérole, tu

fais fort bien ; ce n'eſt pas que je croie l'avoir, au moins.

CLITANDRE.

Eh ! qu'en fais-tu ?

FANCHON.

Helas ! dans le fond cela eſt vrai, quoique je n'aie jamais eû de mal, & que j'aie toûjours été nette comme un denier. Mais, que diable viens-tu donc faire ici ?

CLITANDRE.

Je t'aſſûre que c'eſt malgré moi que je m'y trouve.

FANCHON.

Ah ! je vois à préſent ce que c'eſt. La manchette n'eſt pas un chien, n'eſt-ce pas ; tu es aſſez joli pour cela ? mais, en ma conſcience, il y a trop de ces bardaches ; ils nous ruinent.

CLITANDRE.

Je te jure que je ne les aime pas plus que toi.

FANCHON.

Bon, tu veux m'en revendre. Allons, veux-tu que je te branle avec un doigt dans le cul ; il faut bien que tu décharges ?

CLITANDRE.

Non, je te rends graces, j'aime mieux causer avec toi.

FANCHON.

Que diable veux-tu me dire ? Pour moi je ne sais que faire. Conviens, du moins, cher bougre, que je suis une bonne Enfant.

CLITANDRE.

Cela est vrai. Mais de quel Pays es-tu ?

FANCHON.

Je suis d'Orleans.

CLITANDRE.

Y a-t'il long-tems que tu fais le métier?

FANCHON.

Il y a près de deux ans.

CLITANDRE,

Deux ans, tu commences à avoir de l'aquis. Est-ce la nécessité qui t'engage à le faire?

FANCHON.

Oüi, Monsieur, quant à présent. Mon Pere est à son aise : il est Maître Chapelier. Un Officier de Dragons me fit l'amour il y a deux ans, & me proposa de m'amener à Paris. Cette proposition me tourna la tête ; je l'acceptai. Il me mit dans mes meubles , & m'entretint pendant deux mois , après lesquels il me planta là. Que pouvois-je faire autre chose que d'être putain ?

CLITANDRE.

Il falloit travailler.

FANCHON.

Cela est bien aisé à dire ; mais il faut trouver de l'ouvrage : vous pouvez croire que j'en aurois pris ; car je vous avoüerai qu'il n'y a rien que je ne préférasse au bougre de métier que je fais.

CLITANDRE.

Comment, tu n'es pas contente !

FANCHON.

Allez, vous n'imaginez pas quelle est la malheureuse situation d'une fille, qui se voit obligée , pour vivre, de satisfaire à toutes les fantaisies du premier venu, à qui le hazard la donne ; des vieux, des puants, des malpropres, des bandes à l'aise, ou bien de jeunes gens qui vous maltraitent, & qui certainement vous méprisent.

CLITANDRE.

Ils ont raison.

FANCHON.

Vous êtes un beau foutu consolateur de Job. Mon état m'afflige, & vous me le rendez encore plus affreux. Va te faire foutre, laisse-moi en repos. Je suis la plus malheureuse créature du monde : laisse-moi du moins pleurer tant que j'en aurai envie.

SCÉNE X.

VALERE, CLITANDRE, DESPREZ, TONTON, FANCHON, POIRIER.

VALERE.

EH bien ! comment te trouves-tu, mon cher Clitandre ?

CLITANDRE.

Fort bien.

VALERE.

Ah, ah ! que vois-je ! cette gueuse est toute en pleurs ! est-ce que Clitandre l'a trop gros, & qu'il t'a fait mal ?

FANCHON.

Laisse-moi en repos.

VALERE.

Qui m'a foutu une bougresse com-

me celle-là ! Ah ! pardieu , je t'ap-
prendrai à foutre en pleurant !

C L I T A N D R E.

Eh ! Valere , laisse-là cette pauvre
diablesse ; c'est ce que je lui ai dit qui
l'a mis en cet état.

V A L E R E.

Bon , bon , laissez-moi lui donner
trois ou quatre coups de pied au cul ,
& autant dans le ventre ; après cela
vous m'en direz des nouvelles. Mais ,
croyez-moi , foutons cette pleureuse
à la porte. Regardez toutes ces bonnes enfans-là ; voilà ce qu'on appelle
des Putains : *(leur donnant des claques
sur le cul.)* Pour cela , Madame Dru
nous a bien servi ; allons tous nous
mettre à table , & joindre la liberté
du vin à celle du con.

C L I T A N D R E.

Allons souper , j'y consens.

VALERE.

Prenez-en une sous le bras, comme je vais prendre ces deux garces-
là. Bon…. Quoi, vous prenez cette pleureuse !… Je veux bien lui par-
donner à cause de vous ; sans cela, j'en jure, elle n'auroit pas mordieu soupé à table, & je lui aurois certainement foutu le tour.

Fin du premier Acte.

ACTE II.

SCÉNE PREMIÉRE.

Me, DRU, BELAIR.

Me. DRU.

AH ! te voilà donc, mon cher bougre.

BELAIR.

Tu vois, ma coüille : j'ai diablement trimé aujourd'hui pour les affaires du tripot ; c'est ce qui me fait arriver si tard.

Me. DRU.

Ne couches-tu pas ici ?

BELAIR.

Et foutre où donc ?... Tout va-t'il bien ici ? Y a-t'il du monde ?

Me. D R U.

Il y a un soupé de quatre Filles &
de deux Meſſieurs.

B E L A I R.

Les goyers ſont-ils bons ?

Me. D R U.

C'eſt Valere....

B E L A I R.

Ah, ah ! c'eſt ce fendant,

Me. D R U.

Lui-même.

B E L A I R.

Et qui leur as-tu donné ?

Me. D R U.

La Poirier, Fanchon, Tonton &
une nouvelle débarquée, qui vient
de Lyon, & qui ſe nomme Deſprez.

BELAIR.

Et cela fait-il vivre ?

Me. DRU.

Elle a travaillé à Lyon : ordinaire-
ment il n'y a rien à leur dire ; elles
arrivent de-là toutes bien dreffées ,

BELAIR.

Et bien poivrées. A propos de cela , fais-tu que pour t'avoir une Fla-
mande , qui n'eft , mordieu , pas mal
faite , j'ai olindé avec ce bougre de
Joli-Cœur ? Comme nous tirions un
coup de lame , fans quartier , notre
Ami , que tu connois de refte , a paffé
par-là , & nous a féparé. Sacredieu ,
j'étois piqué ; je lui aurois certainement eû du poil , à ce bougre-là.
Il nous a donc féparé , & nous a mené boire , c'eft-ce qui m'a fait venir
fi tard. Il nous a fait tirer la Fille au

doigt moüillé , & a réglé que celui
qui gagneroit, payeroit l'écot. Joli-
Cœur a gagné , & nous avons étouffé
pinte fur le bout du banc.

Me. D R U.

Tout cela va fort bien ; & je te fuis
obligée de ton attention. Viens fouper & te coucher.

B E L A I R.

J'y vais ; mais , mordieu , Madame
Dru , vous vous conduifez mal. Premiérement , il me faut de l'argent ;
en fecond lieu , vous vous confiez
trop fur vos Amis : à quoi fervent-ils
tous ces bougres d'Amis ? Ils vous
font fortir de l'Hôpital ; mais , foutre , ils ne vous empêchent pas d'y
aller : le grand fecret confifte donc
à avoir des Amis à la Police ; & comment les a-t'on ? Avec de l'argent ,

Madame Dru. Ainſi, ou pour eux ou pour moi, il faut tirer de l'eſcarcelle.

Me. D R U.

Viens te repoſer là-dedans ; allons foutre un coup, nous parlerons d'affaires après.

B E L A I R.

Allons. Eh ! n'eſt-ce pas Valentin ?

S C É N E II.

Me. DRU, BELAIR, VALENTIN.

B E L A I R.

COrdieu, notre Ami, comment cela va-t'il ?

V A L E N T I N.

Vous voyez, Mr. Belair, charmé de vous voir toûjours ici. Madame Dru vous rend content : elle vaut bien le coup, & fait bien les chofes, n'eft-il pas vrai ?

BELAIR.

C'eft, mordieu, une bonne bou-greffe ; & tout ceci fe gouverne affez bien. Ah, ça, nous allons là-dedans pour affaires ; venez donc, un jour que vous ferez libre, paffer la foirée avec nous.

VALENTIN.

De tout mon cœur, je vous le pro-mets. Que je ne vous retienne point ; allez à vos affaires ; j'ai un mot à dire à Margot, qui vient ici.

Me. DRU.

Si l'on a befoin de quelque chofe là-dedans, tu n'as qu'à m'avertir.

VALENTIN.

Allez, foyez tranquilles.

SCÉNE III.

VALENTIN, MARGOT.

VALENTIN.

PEndant qu'ils font à table, & qu'ils ne penfent qu'à fe divertir, pardieu, ma chere Margot, fais-moi un plaifir.

MARGOT.

Que veux-tu ?

VALENTIN.

Je crois que mon Maître n'a pas encore foutu cette nouvelle Fille que tu lui as donnée aujourd'hui, & qu'ils appellent Defprez.

MARGOT.

Je ne le crois pas. Eh bien, à quoi en veux-tu venir ?

V A-

VALENTIN.

Fais-moi la foutre, je t'en prie : elle me fait bander comme un chien ; je ne puis plus demeurer. à les servir. Tu fais bien que je les fous presque toutes avant lui.

MARGOT.

Quelque jour tu t'y trouveras pris ; mais comment veux-tu que je l'avertiſſe, & que je la faſſe venir ? elle eſt à table à côté de ton Maître.

VALENTIN.

Oh! vraiment, c'eſt une choſe bien difficile, un geſte, un clin-d'œil, entre Putains, eſt toûjours entendu. Si tu le veux, elle comprendra à merveille ce que tu lui voudras dire, & le plus aiſément du monde. Elle ſortira ſous prétexte de quelque choſe ; tu me l'ameneras ici, & le bougre de là-dedans n'aura encore cette fois que mon refte : en un mot, je ne te le pardonnerois jamais, fi tu ne me la fais voir.

MARGOT.

Ne t'inquiétes pas, mon pauvre Garçon, tu bandes de fi bon cœur, que je m'intéreffe à toi. Je vais faire mon poffible pour te l'amener : mais je n'aurai pas grande peine à te fatis-faire ; il me femble que c'eft elle qui vient ici. Adieu, je te laiffe avec elle.

SCÉNE IV.

VALENTIN, DESPREZ.

VALENTIN.

BOn jour, ma chere Enfant ; fais-tu bien que tu es charmante ? Baife-moi, je t'en prie.

D E S P R E Z.

J'y confens de bon cœur.

V A L E N T I N.

Tu m'as fait bander comme un chien pendant que je fervois à table ; je n'y pouvois plus tenir.

D E S P R E Z.

Va, je m'en fuis apperçûë, & c'eft ce qui m'a fait fortir de table pour te venir trouver.

V A L E N T I N.

Il faut tout-à-l'heure que je te le mette.

D E S P R E Z.

Oüi, mais fi ton Maître nous fur- prend ?

V A L E N T I N.

Bon, du diable ! il penfe bien à nous, ce bougre-là.

DESPREZ.

Comment veux-tu que nous nous ajuſtions ici ? nous ſerons mal à notre aiſe. Allons dans le foutoir.

VALENTIN.

Qu'importe, mordieu, je te foute-rois ſur une borne, tant j'en ai d'en-vie. Tiens, aſſis-toi ſur moi... Fort bien comme cela.... Place-le toi-même.... Ah !... Oüi...

DESPREZ.

Ne le fais pas ſi vîte, rien ne pres-ſe..... Sommes-nous pas bien com-me cela ?

VALENTIN.

Oüi... Mais foutre, je décharge... Ah ! foutre.

DESPREZ.

Sur mon ame, & moi auſſi.... Tu me fais mourir de plaiſir.... Baiſe-moi donc, chien.... Ah! mordieu, voici quelqu'un ; c'eſt cette foutuë Putain de Tonton.

SCÉNE V.

TONTON, DESPREZ, VALENTIN.

TONTON.

Bon, courage, mes Enfans, cela ne va pas mal.

VALENTIN.

Tu vois, nous paſſons le tems.

DESPREZ.

Il m'a fait le plaiſir de me le mettre ; nous en mourions tous deux d'envie. Sais-tu bien qu'il l'a beau ?

TONTON.

Oh qu'oüi ! je le ſais ; je me ſuis

presque doutée de cette affaire. J'ai vû que ce gueux-là te reluquoit, & j'ai voulu voir ce qui en étoit. Je m'ennuie comme un chien là-dedans : ces bougres-là boivent & causent. Pour Valere, il est déja à moitié saoul ; mais je ne sais à qui il en a aujourd'hui, il ne fout point.

VALENTIN.

Tu verras qu'il est dans le régime.

DESPREZ.

Il a peut-être la chaudepisse.

VALENTIN.

Non, car il boit ; il prouve bien qu'on n'a pas toûjours ce qu'on mérite.

TONTON.

Cet animal qu'il a amené avec lui, est un grand bande à l'aise, il en faut

convenir ; il bâaille à table ; il ne fait
fur quel pied danfer. Où diable Valere a-t'il racroché ce piffe-froid-là ?

VALENTIN.

C'eft un de fes Amis, qui n'eft pas
fi débauché que lui ; c'eft un fort
honnête homme. Je vais pourtant
voir un peu ce qu'ils font là-dedans.

TONTON.

Oh que nenni ! tu ne t'en iras pas
comme cela. Tu te fous de moi. Tu
crois, peut-être, me laiffer comme tu
m'as trouvée.

VALENTIN.

Que veux-tu ?

TONTON.

Que tu me le mette. Je ne m'en
irai pas, bredoüille ; ces viédazes là-
dedans ne foutront, peut-être, pas

un coup de la foirée. De plus, nous fommes quatre, & quand nous ne ferions pas un fi grand nombre, tu bandes mieux que ton Maître.

VALENTIN.

Pardieu, j'ai encore la perle au bout; je ne le puis.

TONTON.

Je me fous de tout cela, comme des coüilles du Pape. Tu me le mettras, te dis-je, ou je vais dire à ton Maître, que je t'ai furpris ici foutant avec Defprez.

VALENTIN.

Garde-toi bien de me joüer ce tour-là.

TONTON.

Fous-moi donc.

DESPREZ.

Allons, fous-la, mon cher Valen-

tin , cette pauvre Fille en a envie.
Peux-tu lui refuſer un coup ? Faites-
le bien à votre aiſe. Pour vous en
donner le tems , je vais retourner à
table , afin de ne point donner de
ſoupçon , & je vous laiſſe en liberté.
Adieu , foutez à ma ſanté.

TONTON.

Ce ſera , parbieu , bien à la nôtre.

SCÉNE VI.
TONTON, VALENTIN.
TONTON.

A Qui diable en as-tu donc aujourd'hui ; tu fais bien le difficile ?

VALENTIN.

Moi ? non, c'eſt que l'aze me foute
ſi je bande.

TONTON.

Eh ! combien as-tu donc foutu cette gueuse qui sort d'ici ?

VALENTIN.

Moi, je ne l'ai foutu qu'un coup.

TONTON.

Et pour un coup tu te rends ! Mon pauvre Garçon, tu te perds ; mais ne t'inquiétes pas, c'est mon affaire ; je saurai bien te faire bander : veüille Dieu, veüille le diable, quelque chose qu'il arrive, je ne te quitterai pas que tu ne me l'aie mis...

VALENTIN.

Voyons donc cela.

TONTON.

Je vais m'asseoir sur toi. Bon comme cela... Baise-moi... Donne-moi

ton vit..... Ah ! qu'il est mol.....
Prends-moi le con...Badinons comme cela.... Te fais-je plaisir ? Ah !
bougre, tu commences à bander.

VALENTIN.

Ah ! chienne, tu ferois bander,
je crois, Monsieur de Ge..... Laisse-moi te le mettre.

TONTON.

Je savois bien que j'en viendrois à
mon honneur ; mais attend un moment, il en sera mieux. Branle-moi
un peu le con..... Oüi.... Comme
cela....

VALENTIN.

Attends donc.... Tu me feras décharger.

TONTON.

Foutre.... ce ne seroit pas mon
compte. Demeure comme te voilà,

noús l'allons faire en levrette aſſis.

VALENTIN.

Tout comme tu voudras, pourvû
que je foute.

TONTON.

Ne va pas le mettre en cul.

VALENTIN.

N'aie point de peur, je ne ſuis pas
bougre à ce point-là.

TONTON.

Ah!.... Mordieu, que tu fous
bien!...Remuai-je aſſez ?

VALENTIN.

Fort bien.... Un peu de côté....
A merveille....

TONTON.

Voilà, mon Valentin, cela...Sais-

tu bien , bougre , que je vais décharger ?

V A L E N T I N.

Tant mieux pour toi.

T O N T O N.

Ah , ah ! bougre…. Je décharge….
Je n'en puis plus…. Foutu chien , je
me pâme….

V A L E N T I N.

Si tu ne me laiſſes pas achever , je
t'aſſommerai.

T O N T O N.

Ne crains rien , fous en aſſûrance.
Eh bien… .

V A L E N T I N.

Eh bien !… Eh bien ! je décharge
auſſi. En te remerciant. Baiſe-moi.
Adieu. Je vais trouver mon Maître.
Tu ſeras toûjours une bonne coüille

de fille ; compte que je te ferai donner quelque chofe de plus qu'aux
autres par notre goyer.

TONTON.

Je te fuis dans un moment. Je vais
me laver. Adieu, mon coüillaut.

VALENTIN.

Adieu, ma garce.

TONTON.

Va toûjours , & ne t'amufe pas à
foutimaffer ici.

SCÉNE VII.

ISABELLE, *qui fe promene & re-*
garde de tout côté ; TONTON.

TONTON *à part.*

Mais que vois-je ! Voilà une fille
bien mife, & qui a vraiment
une bonne façon ; elle a feulement

l'air un peu novice. Que ces drôles-
ses-là sont souvent de bons gréniers
à chaudepisse ; ce qu'on appelle de
véritables attrapes-Miché ! Comment fait cette diablesse de Madame
Dru , pour trouver tous les jours du
nouveau ! Je ne le comprens pas.
Mettons-nous au fait de celle-ci. Ou
je me trompe fort , ou il y a du mis-
tére là-dessous. Approchons. Bon
jour, Mademoiselle.

ISABELLE.

Mademoiselle , je suis votre très-
humble servante.

TONTON.

Venez-vous souvent ici ?

ISABELLE.

Voilà la premiére fois que j'y viens.

TONTON.

Où Madame Dru vous a-t'elle ra-
crochée ?

ISABELLE.

Madame Dru, Mademoiſelle ? je ne la connois point.

TONTON.

Allons donc, ne faites point la ſotte : elle ne connoît point Mada-me Dru, dit-elle.

ISABELLE.

Non , je vous jure.

TONTON.

Et comment diable vous trouvez-vous donc ici, ſi vous ne la connoiſ-ſez pas ? Vous m'allez, peut-être , dire , que vous y venez aujourd'hui pour la premiére fois , & que vous cherchez pratique ; il eſt un peu tard pour cela ; mais vous m'en coulez.

ISABELLE.

Ce ſeroit une avanture trop lon-gue

gue à vous conter, que celle qui m'a-
mene ici, & qui ne vous intéresseroit
que médiocrement. Mais enfin, dites-moi ce que c'est que cette Dame ?

TONTON.

Si vous parliez à quelque Miché,
je vous pardonnerois de parler ainsi ;
mais à moi, c'est se moquer.

ISABELLE.

Je vous conjure, par tout ce que
vous avez de plus cher au monde,
de me tirer de la peine où je suis, &
de satisfaire ma curiosité.

TONTON.

Madame Dru est la premiére Maquerelle de Paris ; par conséquent,
vous voyez que vous êtes au Bordel.

ISABELLE.

Juste Ciel ! que je suis malheureuse !

TONTON.

Eh bien, qu'y a-t'il d'affligeant à cela ? Si c'est la premiére fois que vous y venez, vous vous y accoûtumerez comme les autres ont fait : allez, allez, ne pleurez pas tant, l'on saura vous consoler.

ISABELLE.

Ah, Dieux !

TONTON *à part.*

Il y a certainement quelque chose là-dessous. Ne disons mot ; laissons-la pleurer, &, sur-tout, tenons le cas secret de cette avanture aux paillards qui soupent ici ; ils nous planteroient bientôt là pour cette mijaurée, qui dans le fond me paroît une assez bonne foutée.

SCÉNE VIII.
ISABELLE *seule*.

Rien dans le monde se peut-il comparer à l'état où je suis ! Mon honneur, mon amour me réduisent également au désespoir. Quoi ! c'est vous, Clitandre, que j'aimois plus que ma propre vie, qui me faites un pareil affront ! Non, je ne puis survivre à tous les malheurs que j'éprouve à la fois ; mais avant tout, il faut sortir d'ici : la mort même, que je désire & que je m'y donnerois, seroit une infamie ; elle confirmeroit encore mon deshonneur. Quoi ! Clitandre, vous m'avez réduite à l'horreur d'une telle situation ! Vous, à qui je me suis confiée sans reserve ; vous, que j'ai toûjours regardé comme le plus honnête homme & le plus tendre de tous les

Amans ! Mais que vois-je ! ô Dieux !
c'est lui-même.

SCÉNE IX.

ISABELLE, CLITANDRE.

CLITANDRE.

JE n'y puis plus tenir : trop d'horreur, de crapule & de débauche
regnent dans cet horrible lieu. (*Ap-*
percevant Isabelle.) Ah, juste Ciel ! je
frémis.....

ISABELLE.

Quoi, Clitandre, vous pouvez
soutenir ma vûë ?

CLITANDRE.

Isabelle, est-ce vous ?

ISABELLE.

Joüissez-vous pleinement, barbare, du malheur où me réduit l'amour que j'ai eû pour vous ? Au moins, ne pouffez pas la cruauté plus loin ; comptez que vous en avez affez fait pour m'empêcher d'y furvivre. Au nom de la plus forte paffion & de l'amour le plus tendre , faites-moi fortir d'un lieu, où la mort, la feule reffource des malheureux, eft inter- dite à la vertu. Que ne puis-je , en mourant , n'avoir à vous reprocher ni ma mort, ni mon deshonneur !

CLITANDRE.

Plût aux Dieux qu'il n'y eût que moi de coupable ici !

ISABELLE.

Mon malheur eft complet. Quoi! vous ajoûtez au malheur de ma fituation celle de m'accufer. Mais, helas ! je ne fuis coupable , ingrat, que d'avoir tout sacrifié à l'amour que vous m'avez inspiré.

C L I T A N D R E.

Que ne puis-je vous trouver innocente, Isabelle, je le repéte encore ! je sacrifierois à l'envie que j'ai de vous conserver mon estime , tout ce que je posséde au monde. Mon saisissement, ma douleur, en vous appercevant dans cet infame lieu , sont une preuve de mes tendres sentimens à votre égard. La conversation même que j'ai avec vous , me prouve avec douleur que l'on ne peut passer que difficilement de l'amour à la haine , & que le mépris ne peut lui seul produire un aussi grand changement.

I S A B E L L E.

Accablez une infortunée que la confiance en vous….

CLITANDRE.

Helas ! que peut avoir la confiance
en moi de commun avec ce qui m'arrive.

ISABELLE.

Tant de vices à la fois peuvent-ils
avoir été si long-tems cachés sous les
dehors de la vertu ? Quoi ! je suis encore réduite à me justifier.

CLITANDRE.

Que ne pouvez-vous, helas ! vous
justifier pleinement ; je serois trop
heureux.

ISABELLE *lui jettant une Lettre.*

Tiens, cruel, lis.

CLITANDRE *lit.*

„ Vous m'aimez, je vous adore ;
„ vous connoissez ma probité, con-

,, sentez donc à mon bonheur,
,, charmante Isabelle , pour cacher
,, la démarche que mon amour vous
,, propose, à laquelle le vôtre a sous-
,, crit : j'ai passé la journée d'hier
,, sans vous voir ; suivez hardiment
,, celui qui vous remettra cette Let-
,, tre, il vous conduira chez l'Epoux
,, & l'Amant le plus tendre.

,, CLITANDRE.

O juste Ciel ! je n'ai point écrit cette Lettre, ma chere Isabelle, on m'a trahi. Ah ! ma fureur, ma rage, mes transports ne se peuvent concevoir. Enfin, que vous est-il arrivé ?

ISABELLE.

J'ai suivi l'homme qui m'a remis cette malheureuse Lettre. Un carosse m'attendoit à la porte ; j'espérois vous y trouver ; mais, helas ! je ne vous ai point vû. Au désespoir de cette marque de mépris , l'on m'a conduit dans cette chambre que vous voyez. On a fermé la porte par laquelle je suis entrée , & l'on m'a laissée seule. Inquiéte , agitée , cherchant à m'éclaircir , j'ai trouvé celle-ci ouverte , & je viens de voir une malheureuse , qui m'a clairement expliqué mon malheur , & vous êtes arrivé.

CLITANDRE *se jettant à ses genoux.*

Pardonnez-moi , chere Isabelle , mes injustes soupçons. Valere est le seul qui puisse vous avoir fait un affront si sanglant ; mais sa mort nous vengera l'un & l'autre.

ISABELLE.

Qu'il est doux de trouver innocent ce que l'on aime !

CLITANDRE.

Ma fureur est au comble. Cependant il faut se gouverner avec sagesse. Votre honneur & le mien m'engagent à vous faire sortir d'ici sans éclat : Valere est yvre, je crains ses insolences pour vous : en attendant que je fasse venir du secours, entrez dans cette chambre, où je vous garderai comme on fait son unique bien, & là nous prendrons les conseils de l'amour le plus tendre & le plus empressé.

ISABELLE.

Mon sort est en vos mains ; je ne pouvois vous haïr , même en vous croyant coupable : mon cœur se livre donc à vous plus qu'il n'a jamais fait.

Fin du deuxiéme Acte.

ACTE III.

SCÉNE PREMIÉRE.

VALERE, VALENTIN.

VALERE.

Valentin, veux-tu venir ? Où est donc ce bougre-là ?

VALENTIN.

Monſieur.

VALERE.

Viens donc.

VALENTIN.

Ma foi, Monſieur, vous ne m'avez pas trop traité en ami hier au soir, non-ſeulement en me faiſant mettre à table avec vous, mais en me faiſant trop boire ; j'en ai mal à la tête ce matin.

VALERE.

Tout le monde y a mal aujour-
d'hui ; va, c'est la faute du tems, ce
ne peut être celle du vin. Mais ces
gueuses sont-elles levées ?

VALENTIN.

Il y en a une qui ne se levera pas
encore si-tôt.

VALERE.

Laquelle ?

VALENTIN.

La Desprez : elle est si saoule encore, quoiqu'elle ait dégueulé par-tout
dans le lit où nous avons couché,
que je ne crois pas qu'elle puisse se
remuer de la journée.

VALERE.

Elle auroit dû cependant être sou-

lagée ; car j'en ai fait autant fur la
gorge de Fanchon, & cela m'a fait
grand bien.

VALENTIN.

C'eſt apparenment ce dont vous
vous applaudiſſez, qui les fait jurer ſi
méthodiquement là-dedans.

VALERE.

Il y a bien de quoi ſe fâcher : n'en
pouvoit-elle pas faire autant ſur moi,
puiſque nous étions couchés dans le
même lit ? Fanchon s'eſt, peut-être,
piquée de la préférence ; elle eût
voulû que je l'euſſe accordée à la Poirier, que j'avois de l'autre côté ; mais
je me donne au diable ſi j'ai penſé à
l'une plûtôt qu'à l'autre : donc elle a
tort. Demande-moi du ratafiat, &
fais-nous apporter du caffé : écoute,
envoie plûtôt la ſervante nous cher-

cher tout cela, & tout de suite ap-
porte-moi mon chapeau & mon
épée. Haie, Fanchon, Poirier ; allons, Putains, que l'on me vienne
voir.

SCÉNE II.

VALERE, Me. DRU, LA POIRIER, TONTON, VALENTIN.

Me. DRU.

A Qui diable en a donc ce bougre-là ? Pourquoi, de par tous
les diables, crier si haut ?

VALERE.

Pourquoi ? Parce que cela me di-
vertit. Ah ! te voilà, Poirier. Eh bien !
Fanchon est donc bien en colére ?
Ah, ah, ah.....

LA POIRIER.

Pardieu, il faut que tu sois le plus

vilain cochon de la Ville, de rire encore, après les mal-propretés & les
infamies que tu as faites sur cette
pauvre diablesse, qui n'a point de
chemise ici.

Me. D R U.

Qu'est-il donc arrivé ?

LA POIRIER.

Il a dégueulé par-tout dans votre
lit, vous serez, sur ma parole, plus
de huit jours sans pouvoir vous en
servir.

Me. D R U.

Il faut convenir que tu es un grand
coquin. N'as-tu pas de honte ?

VALERE.

J'ai trop bû, je dégueule, cela est
tout naturel. Quand je bande, je
fous, c'est le même principe. Qu'as-
tu à me répondre ?

Me. D R U.

Tu me payeras mon lit.

V A L E R E.

Cela est juste ; allons *(à Tonton)* pete tout-à-l'heure.

T O N T O N.

Ah ! foutre , laisse-moi dormir en repos , je tombe de sommeil.

V A L E R E.

Allons donc, c'est pour payer Madame Dru. Donne-moi mon épée. As-tu envoyé au Caffé ?

V A L E N T I N.

Oüi , Monsieur , Margot y est allée.

V A L E R E.

Eh ! mordieu. A propos , Valentin , je suis au désespoir. Isabelle , &

la

la chambre verte ? Ah ! foutre de
moi, j'ai tout oublié. Pourquoi ne
m'as-tu fait souvenir ? . . . .

VALENTIN.

Ma foi, Monsieur, j'avois autre
chose à faire ; je n'y ai pas plus pensé
qu'à m'aller baigner.

VALERE.

Mais quoi ! n'as-tu rien vû ? n'as-
tu rien entendu ?

VALENTIN.

Ma foi, non.

VALERE.

Va voir dans la chambre verte ; il
feroit bien heureux de l'y trouver
encore ; va donc : fi elle y eft, ne dis
mot, contente-toi de m'appeller.

VALENTIN.

Monfieur, la porte eft fermée, &
la clef eft en dedans.

G

VALERE.

Frappe toûjours, enfonce-la, s'il le faut.

SCÉNE III.

CLITANDRE, VALERE, M^e. DRU, TONTON, POIRIER, VALENTIN.

CLITANDRE *se préfentant à la porte, & pouffant Valentin.*

OTe-toi delà, malheureux.

VALENTIN *courant à Valere.*

Monfieur, voilà Clitandre.

VALERE.

Ah, parbleu! mon Ami, c'eft bien joli à toi d'avoir couché ici, je t'en révére : nous allons déjeûner.

CLITANDRE *dans le fond du Théâtre.*

Malheureux, ofe-tu bien regarder un honnête homme en face ?

VALERE.

A qui diable en as-tu ?

CLITANDRE.

J'en ai au plus fourbe, au plus scélerat & au plus grand coquin qui soit sur la terre. C'est à toi que j'en ai, traître. *(Mettant l'épée à la main.)*

VALERE.

Mais, Clitandre, vous n'y pensez pas, nous avons toûjours été amis.

CLITANDRE.

Moi ? l'ami d'un coquin aussi méprisable que toi : allons, mordieu, l'épée à la main tout-à-l'heure. La première qui criera & qui fera du bruit, je lui coupe le visage. Allons, Valere, il s'agit de ta vie ou de la mienne.

VALERE.

Mais, Clitandre, écoutez-moi.

CLITANDRE.

Je n'écoute rien, j'ai la vertu de ma Femme à défendre , & par con-séquent , mon honneur ; & j'ai , de plus , à punir tes fauffetés & l'hor-reur de ton projet. Quoi ! tu joins encore à toutes tes infamies celle d'être le plus grand Jean-foutre de toute la terre ! Mets donc l'épée à la main , coquin , mets donc , ou je vais te couper le vifage. Ah ! rien ne t'é-meut. (*Il lui donne des coups de plat-d'épée.*)

VALERE.

Ah , ah ! en vérité , Clitandre , vous êtes vif.

CLITANDRE.

Tais-toi, malheureux , tu me fais horreur , ne m'approche de ta vie , fi tu n'en veux recevoir autant toutes les fois que je te verrai. *(Il rentre dans la Chambre , & ferme la porte sur lui.)*

SCÉNE IV.

VALERE, Me. DRU, LA POIRIER, TONTON, VALENTIN.

VALERE.

AH ça, déjeûnons. *(A Valentin.)* Va-nous chercher quelque chose de froid là-dedans. Allons donc, Mesdemoiselles, je vous ferai bien marcher droit.

TONTON.

Toi ?

VALERE.

Oüi, moi.

TONTON.

Je n'ai besoin de personne pour ne

te pas craindre ; & pour me foutre de toi, je n'appellerai pas même Clitandre à mon secours.

VALERE *mettant l'épée à la main.*

Ah ! bougresse, c'en est trop.

TONTON.

Approche, si tu l'oses.

VALERE.

Il ne me plaît pas à moi. Tiens, voilà le plus grand coup de pied au cul que tu aies jamais reçû.

Me. DRU.

Ah ! Bougre. (*Elle lui arrache son épée, & les Putains le battent, lui donnent des coups de pied dans le ventre, & jettent sa perruque.*

TONTON.

Ah ! chien.

LA POIRIER.

Indigne Jean-foutre.

Me. DRU.

Gueux de Bicêtre.

VALERE.

Valentin, prends une buche, as-
somme-moi ces bougresses-là.

VALENTIN.

Monsieur, je suis neutre dans le
second combat, comme je l'ai été
dans le premier.

SCÉNE V.

VALERE, Me. DRU, LA POI-
RIER, TONTON, VALENTIN,
MARGOT.

MARGOT.

MA bonne Maîtresse, nous som-
mes perduës !

G 4

Me. D R U.

Quoi donc ? qu'y a-t'il ?

M A R G O T.

La maison est investie ; voilà le Commissaire qui me suit.

Me. D R U.

Helas ! tout est foutu. Que devenir ? C'est ce foutu gueux-là qui nous cause tout ce malheur.... Ah ! bougre, du moins je te battrai encore avant que de sortir d'ici. (*Toutes le battent encore.*)

SCÉNE VI.

VALERE, Me. DRU, LA POIRIER, TONTON, VALENTIN, MARGOT, LE COMMISSAIRE, SON CLERC & Suite.

LE COMMISSAIRE *aux Archers.*

Que l'on garde exactement toutes les avenuës ; qu'on ne laisse sortir perfonne, & que l'on m'amene tous ceux qui viendront pour entrer dans la maifon ; que l'on faffe une exacte perquifition fous tous les lits, derriére les tapifferies ; enfin, qu'on épargne aucun foin. (*A un Garde à part.*) Faites fortir par l'autre porte ceux dont je vous ai parlé. Quand les ordres que je vous ai donné feront exécutés, venez me rendre compte. (*Haut.*) Voyons un peu tout ceci.

VALERE.

Mordieu, Monfieur, je fuis un honnête homme, & je n'ai point de compte à rendre à un Commiffaire.

LE COMMISSAIRE.

Nous verrons cela à votre tour.

VALERE.

Mon tour ? avec ces bougreffes-là ? Pardieu, je crois que vous vous foutez de moi.

LE COMMISSAIRE.

Allons, une paire de manchettes à Monſieur, & ſerrez-le-moi de près. (*A M^e. Dru.*) Qui êtes-vous, Madame ? De quel Pays ? Quelle eſt votre profeſſion ?

M^e. D R U.

Monſieur, je ſuis Femme d'un Laquais d'Etranger. Mon Mari eſt , à préſent , en Angleterre avec ſon Maître. Je ſuis de Rennes en Bretagne ; je travaille en linges & en dentelles pour les Dames de la Cour, & pour pluſieurs Prêtres , qui vous répondront de moi.

LE COMMISSAIRE.

Mais crois-tu , malheureuſe, que je donne dans cette belle hiſtoire ? Madame Dru eſt ſur mes tablettes depuis long-tems.

Me. DRU *se jette à ses genoux.*

Ah ! Monseigneur, ne me perdez pas ; il n'est jamais arrivé de scandale chez moi ; & je puis vous assûrer que personne n'a jamais fait sa profession avec plus d'honneur que je m'en aquitte : je pourrois même vous nommer des Conseillers au Parlement, des Abbés & des Chanoines de votre connoissance, qui vous certifieront, que depuis qu'ils viennent ici, ils ne s'en sont jamais mal trouvés.

LE COMMISSAIRE *à son Clerc.*

Mettez-vous en état de dresser le Procès verbal. (*Aux Archers.*) Est-on allé investir toute la maison ?

Les mêmes Acteurs, Beausoleil, Archer.

BEAUSOLEIL.

Monsieur, Clitandre m'a chargé

de vous faire ſes complimens , & de vous dire , qu'il n'oubliera jamais l'obligation eſſentielle qu'il vous a.

LE COMMISSAIRE.

A-t'il trouvé le caroſſe de remiſe que j'avois envoyé à la petite porte ?

BEAUSOLEIL.

Oüi , Monſieur , il l'a trouvé. Il vient de partir avec une Femme cachée dans ſes coiffes.

LE COMMISSAIRE.

Voilà qui va bien , la vertu eſt en ſûreté ; procédons contre le vice.

Les mêmes Acteurs , Belair , la Deſprez yvre avec Fanchon ; les deux Putains ſont en chemiſes.

LE COMMISSAIRE.

Mais voici encore dequoi groſſir le Procès verbal. *(A Belair.)* Qui êtes-vous ?

BELAIR.

Monfieur, je fuis Soldat dans Champigny; je venois voir la Grivoife dans le tems que vous êtes arrivé. Je n'y ferois, ma foi, pas venu, fi j'avois cru vous y rencontrer.

LE COMMISSAIRE.

J'entens, Souteneur.... tata... & le fer à....

BELAIR.

Pardieu, Monfieur, la paie du Roi eft fi petite ; il faut bien avoir dequoi s'entretenir.

LE COMMISSAIRE *aux Archers.*

Conduifez-le à la prifon de l'Abbaïe, & prenez-en votre reçû.

BELAIR.

Mais, Monfieur, je n'ai rien fait.

LE COMMISSAIRE.

Je le crois ; mais une nuit est bientôt passée, & je promets de t'en faire sortir demain, si les dépositions ne te chargent point.

BELAIR *à Me. Dru.*

Adieu, mon Enfant, prends garde à toi ; donne-moi de tes nouvelles quand tu le pourras.

LE COMMISSAIRE *à la Deprez.*

Qui es-tu, toi ?

DESPREZ.

Monseigneur, je suis saoule.... je m'appelle Desprez, & je ne suis à Paris que depuis hier ; j'arrive de Lyon.

LE COMMISSAIRE.

Si l'on dit vrai dans le vin, on peut l'en croire. (*A Fanchon.*) Et toi, qui es-tu ?

F A N C H O N.

Monsieur, je voudrois vous le dire
en particulier.

LE COMMISSAIRE *aux Archers*
& à tout le monde.

Eloignez-vous tous dans le fond
de la chambre.

F A N C H O N.

Monsieur, je suis Femme de Mr.
Gueulard, Avocat : il a été du nombre des exilés ; & comme il n'est pas
riche, il ne m'a rien laissé en partant.
J'ai fait connoissance avec cette Femme, qui m'a procurée des Amis qui
m'ont soulagé dans mon besoin.

LE COMMISSAIRE.

N'avez-vous point de honte, avec
des ressources, & pouvant faire le
bonheur d'un honnête homme, de
mener une vie aussi détestable ?

FANCHON.

Helas ! Monſieur, l'horrible état où je me ſuis trouvée réduite, me fait frémir. Au nom de Dieu, ne me perdez pas ; je vous promets que cette avanture me rendra ſage.

LE COMMISSAIRE.

Revenez tous. *(A Tonton.)* A vous?

TONTON.

Monſieur, je m'appelle Tonton.

LE COMMISSAIRE.

Ah ! Mademoiſelle, je n'ai pas beſoin de votre nom ; vous en changez ſi ſouvent que celui d'aujourd'hui m'eſt inutile à ſavoir. Mais n'avez-vous pas connu la groſſe Margot, que j'avois envoyé à Bicêtre ?

TONTON *à genoux.*

Levez-vous. *(A laPoirier.)* Et vous?

L A

LA POIRIER.

Je suis la Poirier, c'est tout vous dire ; vous savez que je suis bonne fille, & que j'ai beaucoup d'Amis à la Police.

LE COMMISSAIRE.

Paſſons. (*A Valentin.*) Et ce grand Dépendeur d'andoüilles ?

VALENTIN.

Monſieur, j'ai l'honneur d'être le Valet du brave Valere ; & ſi je ſuis ici, c'est que le devoir de ma charge m'y contraint.

LE COMMISSAIRE *voyant entrer un Archer.*

Qu'est-ce là ? Que veut-on ?

H

SCÉNE VII.

Les Acteurs de la précédente ; Bras-de-Fer, Archer, qui amene une Fileuse du Curé de St. Sulpice, qui apporte une lettre à Madame Dru.

BRAS-DE-FER.

MOnsieur, c'est une espéce de Servante, qui vient apporter une lettre à Madame Dru.

LE COMMISSAIRE.

Qu'elle approche. Qui êtes-vous, ma Fille ?

LA FILEUSE.

Monsieur, je suis une des Fileuses de Mr. le Curé de St. Sulpice.

LE COMMISSAIRE.

De quelle part vient cette lettre ?

LA FILEUSE.

Je ne sais pas.

LE COMMISSAIRE.

Si vous ne parlez, je vous envoyerai en prison tout-à-l'heure.

LA FILEUSE.

Eh bien, Monsieur, elle est d'un
Evêque, qui saura me tirer d'affaire.

LE COMMISSAIRE.

Je vous défends de le nommer.
Voyons la lettre.

,, Envoyez-moi sur les six heures,
,, ce soir, la même personne que
,, vous m'avez envoyée, il y a qua-
,, tre jours, à Pantin ; la voiture &
,, elle seront bien payées, & je vous
,, envoyerai demain votre argent.

Oh ! ça, jugeons. *(Il s'assied.)* Vous,

Fanchon, cherchez vos habits, vous pouvez fortir ; mais fouvenez-vous d'être plus fage à l'avenir, & de ne plus deshonorer votre Famille. La Poirier peut fortir auffi ; laiffez-la paffer. Pour la Defprez, elle mériteroit bien quelque correction ; mais à caufe que c'eft la premiére fois qu'elle eft prife, je lui pardonne : va-t'en, tu ne feras, peut-être, pas encore long-tems fans courir le même rifque.

Me. D R U.

Et mes habits ?

LE COMMISSAIRE.

Comment ?

Me. D R U.

Oüi, Monfieur, elle eft arrivée hier ici avec des guenilles, qui ne valent pas trois fols.

LE COMMISSAIRE *à la Desprez.*

Va-t'en toûjours ; j'ai bien affaire d'une pareille difcution. Et vous, Mademoiſelle Tonton, ou groſſe Margot, comme j'ai déja eû l'honneur de vous envoyer à Bicêtre, & que vous en favez le chemin, vous aurez la bonté d'y retourner ; vous y ferez en compagnie que vous aimez, puiſqu'on voudra bien y recevoir Madame Dru ; mais afin qu'elle s'y trouve avec plus de dignité, fa Servante la fuivra. Et vous, belle Fileuſe, vous irez à l'Hôpital, où l'on vous donnera la plus belle quenoüille de la Maiſon. (*A Valere.*) Pour vous, Monſieur, vous irez au Fort-l'Evêque, où vous n'aurez pas peu d'affaires : vos dettes & vos impiétés y feront examinées avec foin, quand vous aurez fait en Juſtice une réparation convenable à Iſabelle.

VALERE.

Mordieu !

LE COMMISSAIRE.

Que Madame Dru remette les clefs de la maison, afin qu'en sortant, je puisse appofer mon scellé. *(Aux Archers.)* Enmenez toutes ces Pleureuses. Les fiacres ne font-ils pas à la porte ? *(A Valentin.)* Pour toi, dont je crois que les gages font payés par cette procédure, tu peux aller chercher ta bonne ou ta mauvaise fortune ; mais prends garde de me tomber sous la patte.

VALENTIN.

Si l'exemple de mon Maître ne me corrige pas, je mérite, Monfieur, que vous me puniffiez comme le plus grand malheureux de la Ville.

Fin du troisiéme & dernier Acte.